Martina Dannheimer

1 Tag in Münster –
Martinas Kurztrip durch die Altstadt,
zum Dom und zum Schloss

Bibliografische Information der Deutschen Nationalbibliothek:

Die Deutsche Nationalbibliothek verzeichnet diese Publikation in der Deutschen Nationalbibliografie; detaillierte bibliografische Daten sind im Internet über http://dnb.d-nb.de abrufbar.

Impressum:

Lektorat: Caroline Schnitzer, Peter Schmid-Meil

Copyright © 2013 GRIN & Travel

Ein Imprint der GRIN Verlag GmbH

travel.grin.com

Die Lust an Städtereisen

„Nicht nur lange Reisen machen Spaß" ist das Motto, nach dem ich lebe und meine Reiselust stille. Mit meinen Berichten „1 Tag in ..." möchte ich zu Kurztrips inspirieren und zeigen, was man alles an einem einzigen Tag in einer Stadt erleben kann. Hier gibt es jede Menge Tipps zum Nachmachen für alle, die wenig Zeit zum Reisen haben oder deren Geldbeutel – wie meiner – nicht endlos gefüllt ist.

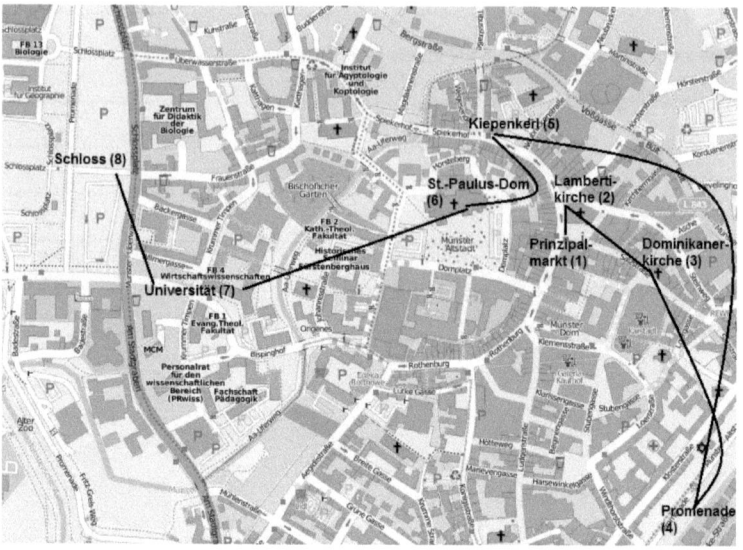

Route Münster. Quelle: OpenStreetMap und Mitwirkende, CC BY-SA

4

Zu allererst Richtung Altstadt

Nee, also bitte. Es war kurz nach neun Uhr, als ich am Hauptbahnhof in Münster aus dem Zug kletterte, und noch halb dunkel. Gewundert hat mich das allerdings nicht, denn es regnete in Strömen. Trotzig ließ ich meinen Schirm in der Tasche, als ich gen Altstadt aufbrach. Ich war schließlich nicht aus Zucker, und ca. zehn Klamottenschichten hatte ich ebenfalls an. Bis die Nässe durchkäme, wäre ich mit meinem Tagesprogramm wohl eh am Ende. Zur Not gäbe es ja einige Geschäfte, in denen ich mich neu einkleiden oder zumindest trocknen könnte – so dachte ich.

Regenbilder in der Altstadt

Ich schob also das Regenproblem beiseite, die gute Laune durfte sich frei entfalten und das tat sie tatsächlich auch. Bereits nach den ersten paar Schritten durch die Altstadt ahnte ich, dass mir Münster gefallen würde. Darüber hinaus liebe ich die Morgenstimmung in einer Innenstadt. Wenn mehr Lieferwägen als Menschen in der Fußgängerzone sind, Obst- und Gemüsehändler ihr Ware sortieren und jeder zweite der wenigen Passanten einen Coffee to go in der Hand hält.

Frühmorgens in der Altstadt

5

Mit dem Prinzipalmarkt (1) und der St. Lambertikirche (2) entdeckte ich dann schnell meine ersten Fotomotive. Knipsen und gleichzeitig den Knirps halten gestaltete sich als echte Herausforderung – ohne Schirm war es dann doch zu feucht. Von 20 Bildern sind gerade mal zwei passabel, auf den restlichen ziert ein dicker Fleck das Foto– den Regentropfen sei Dank. Nö, ich motzte gar nicht, vielmehr musste ich grinsen. Ich merkte nämlich, dass ich von den (wenigen) Leuten seltsam angestarrt wurde. Verständlich – während der Großteil ins Büro hetzte, stand ich beim größten Sauwetter früh um neun in der City und fotografierte. Ich hätte mir dennoch gerne auf die Stirn geschrieben: „Ja, ich habe noch alle Tassen im Schrank".

Brunnen Lamberti – auch im Regen schön

Das Gute-Laune-Fahrrad vor der Dominikanerkirche

Ganz bewusst wählte ich meine nächste Station. Es war die Dominikanerkirche (3), die früher mal Teil eines Klosters war. Nett anzuschauen, genauso wie der Platz davor mit seinen bunten Figuren ist er ein echter Hingucker. Und ich entdeckte ein echtes Gute-Laune-Fahrrad. Sattel und Gepäckträgerdecke im Fliegenpilz-Look – welchen Zweck die Decke haben sollte, weiß ich nicht.

Das war doch mal eine coole Idee. Überhaupt standen an allen Ecken und Enden Fahrräder. Richtig viele Fahrräder. Die Münsteraner schienen ein recht bewegungsfreudiges und/oder umweltbewusstes Völkchen zu sein, sogar bei diesem Wetter. Entschuldigung, das war jetzt wirklich mein letzter Kommentar in puncto Regen.

Ein echter Hingucker – die Dominikanerkirche

Gute-Laune-Fahrrad

Männerbekanntschaften in Münster

Ich ging weiter, kam aber bloß ein winziges Stück voran, denn ich machte unerwartet männliche Bekanntschaft. Mit dem Traumprinz? Haha, natürlich nicht. Jetzt würde mich meine Mama sicher gleich rügen: Ich solle nicht immer so zynisch sein, wenn es um Männer geht. Mit meinen Äußerungen würde ich den gewünschten Mann gleich wieder beim Universum abbestellen. Ob ich allerdings überhaupt je richtig geordert habe, bezweifle ich eh.

Der Zeitungsmann

Für den Moment war ich jedenfalls dem Zeitungsmann über den Weg gelaufen. Ich betone, ich ihm. Er konnte sich nicht von der Stelle bewegen. Der Gute stand in Form einer Statue mitten auf der Straße, bekleidet mit verschiedenen Zeitungsartikeln. Eine Weile stierte ich noch auf den charmanten Gesellen, bevor ich wieder weiter spazierte.

Der Zeitungsmann

Mein Ziel hieß nun Schloss (4). Ich habe ein Faible für prunkvolle Königshäuser – typisch Frau eben. Selbst ohne den (Traum-)Prinzen kommt dort stets ein wenig Romantik auf. Unweit des Zeitungsherren machten mich allerdings die Promenaden (5) neugierig. Dieser von Bäumen gesäumte Weg sah nämlich nicht bloß einladend aus, sondern besaß zudem ein eigenes Schild. „Promenade", stand schwarz auf weiß geschrieben. Ich erweiterte meinen Münsterschen Kenntnisstand gerne und so erfuhr ich, dass die Promenaden eine Art Ring um die Altstadt bilden. Einen Ring, der als Fahrradweg dient und somit gerne als Fahrradautobahn bezeichnet wird.

Der Kiepenkerl

Langsam zeichneten sich dunkle Ränder auf meiner Hose ab und zwar genau an der Stelle, an der die Jacke endete. Das dürfte so eine handbreit über dem Knie gewesen sein. Wasser fließt ja bekanntlich nach unten und ähnlich wie in einer Regenrinne sammelte sich das feuchte Etwas am Bund meines schwarzen Parkas. Och nö... Obwohl, somit hatte ich wenigstens die Rechtfertigung für einen fetten Caffè Latte samt Päuschen im kuschelig warmen Starbucksstübchen. Ob es am Kaffee lag oder am großen „Martina" auf meinem Becher, mein Heißgetränk schmeckte vorzüglich, und ich trank es in großen, schnellen Zügen. Dass ich mir meine Zunge verbrannt hatte und nun den ganzen Tag dieses pelzige Gefühl ertragen musste, blendete ich bestmöglich aus.

Gestärkt und halbwegs getrocknet stapfe ich weiter. Eher zufällig kam ich an einem niedlichen Platz vorbei und traf dort auf einen weiteren Kerl. Es war der Kiepenkerl (6), wie mir Google verriet. Kiepe ist eine Art Rückengestell, das die Handelsmänner in früheren Zeiten schulterten. Damit zogen sie umher und brachten Ware sowie den neusten Klatsch zu den Leuten nach Hause.

Meine nächste Männerbekanntschaft – der Kiepenkerl

Verzückt und wohl gleichzeitig verblendet, schlug ich danach gleich mal die falsche Richtung ein. Das machte aber nichts, so stieß ich wenigstens auf ein neues Fundstück für meine Street Art Sammlung.

Ich liebe Street Art

Zurück zur Kultur

Viele Leckereien vor dem St- Paulus Dom

Ich war allerdings schnell wieder auf Kurs und landete planmäßig vor dem St. Paulus-Dom (7), einer grandiosen Kirche aus dem 13. Jahrhundert. Genauso toll fand ich, dass auf dem Domplatz ein Markt stattfand. Wie jeden Mittwoch- und Samstagvormittag lockten zig Stände mit Obst, Gemüse, Süß- und Back- waren und allerlei Leckereien. *„Du könntest dir ein bisschen Obst als Wegzeh- rung kaufen, sagte der Verstand. Du wolltest dir noch eine heiße Waffel gön- nen, konterte die Wollust."*, und setzte sich durch. Komisch, dass die Bösen meist viel mehr Durchsetzungsvermögen besitzen. Jetzt trommelte ich lieber all meine Sinne zusammen, um mich zu orientieren. Zum ersten Mal überhaupt war ich ohne Stadtplan unterwegs. Dank der guten Beschilderung in Münster hatte das, bis auf den kleinen Ausrutscher vorher, super geklappt. Jetzt aller- dings wusste ich nicht, in welche Richtung ich meinen Marsch fortsetzen soll- te.

Wirklich grandios – der St.-Paulus-Dom

12

Auf dem Weg zum Schloss

Ich bewunderte noch kurz das historische Rathaus am Prinzipalmarkt, dann hielt ich einen Monolog mit dem Busfahrplan. Ich hätte mich bequem zum Schloss karren lassen können. „Darf ich Ihnen helfen?" Ich muss ziemlich doof geschaut haben, denn augenblicklich fügte meine Gesprächspartnerin an, dass sie von der Stadt Münster sei. Das ist ja ein netter Service. „Ich möchte zum Schloss", erklärte ich enthusiastisch, und erkundigte mich, ob es weit zum Laufen sei. Meine Hoffnung auf ein vehementes NEIN war im Nu zerstört. Die hilfsbereite Dame vermittelte mir schon die Koordinaten für den maximal 15-minütigen Fußmarsch. Wäre ich in Italien, hätte ausnahmslos jeder die Möglichkeit der Fortbewegung per Pedes ausgeschlossen. Alle Ziele über 100 Meter Entfernung werden dort ausschließlich motorisiert zurückgelegt. Da ich allerdings weder in Rom, Mailand noch Neapel war, meisterte ich die Strecke zu Fuß – und in bloß elf Minuten.

Auch bei Regen schön – das historische Rathaus in Münster

Das Schloss – Träumen inklusive

Über eine Stunde konnte ich glatt meinen Schirm in der Jackentasche lassen, jetzt brauchte ich ihn wieder – und zwar dringend. Und das leider pünktlich zu meinem persönlichen Tageshighlight. Erst einmal inspizierte ich Teile der Universität (9). Von außen, wohlgemerkt. Sie zählt zu den größten in Deutschland, ist allerdings keine Campus-Uni, sondern die Gebäude sind im Stadtgebiet verteilt. Trotzdem studieren einige in direkter Nachbarschaft zum Schloss – dort ist auch der Sitz der Hochschulleitung und -verwaltung. Hätte ich hier studiert, wäre ich vielleicht etwas regelmäßiger im Hörsaal erschienen – ein wirklich nettes Plätzchen. Was mich heute allerdings mehr bewegte, war die Frage, ob ich eine Prinzessin sein wollte. Nicht, dass irgendein akuter Anlass eine Antwort erfordert hätte. Aber welche Frau träumt nicht ab und an vom Leben im Palast, schicken Kleidern, die sie nur einmal tragen muss, und einem ganzen Stab an Bediensteten?

Spätestens als sich jedoch das Wort Hofprotokoll in meine Träume schlich, kehrte ich sofort ins Hier und Jetzt zurück. Nach einem solch strengen Reglement zu leben, wäre mein Albtraum. Dann verzichtete ich lieber auf die anderen Annehmlichkeiten und zog meine H&M-Teile etwas häufiger als ein Mal an.

Ich konzentrierte mich wieder auf das Schloss, genoss das Flair und die Ruhe. Wohl zum ersten Mal in meinem Leben stand ich völlig alleine vor einem Schloss. Aber wer verließ bei diesem Sauwetter schon freiwillig das Haus? Langsam tickte auch meine Uhr, in gut zwei Stunden ging mein Zug und ich hatte noch zwei wichtige To Dos zu erledigen: Shoppen und Essen. Daher sagte ich dem Schloss Lebwohl, kündigte einen erneuten Besuch bei Sonnenschein an und klopfte mir auf die durchnässte Schulter. Trotz Regen war mein Münster-Besuch nicht ins Wasser gefallen, Ha!

Das Schloss in Münster. Ist nicht jede Frau ein bisschen Prinzessin?

Mein Fazit

Münster hat eine gewisse Gemütlichkeit. Im Gegensatz zu den großen Metropolen geht es in der Stadt an der Aa etwas ruhiger zu. Verschlafen ist die Universitätsstadt aber ganz bestimmt nicht. Dafür gibt es viel zu viel zu gucken, eine niedliche Altstadt, nette Cafés und sogar shoppen lässt es sich ganz gut.

Meine Bewertung:

Sightseeing:

Verkehrsmittel:

Essen & Trinken:

Shopping:

Links zu Münster

Prinzipalmarkt: http://www.muenster.de/stadt/panorama/pan/prinz.htm

St. Lambertikirche: http://www.st-lamberti.de/

Promenaden: http://www.muenster.de/stadt/umwelt/promenade.html

St. Paulus-Dom: http://www.paulusdom.de/

Historisches Rathaus:
http://www.muenster.de/stadt/tourismus/altstadt_rathaus.html

Westfälische Wilhelms-Universität Münster: http://www.uni-muenster.de/de/

Schloss Münster: http://www.muensterland-tourismus.de/12309/schloss-muenster

Bildnachweis

Alle Bilder innerhalb dieses Buches stammen von:

•Martina Dannheimer

•OpenStreetMap und Mitwirkende, CC BY-SA

•jara3000:   http://www.shutterstock.com/pic-132687290/stock-vector-high-heel-shoes-silhouette.html?src=csl_recent_image-1

Lesetipps

Lust auf mehr Reiseabenteuer? Hier finden Sie weiteren spannenden Lesestoff aus unserem GRIN & Travel Programm:

1 Tag in …

von Martina Dannheimer

Für einen Tag raus aus dem Alltag und ab in eine große Stadt. Die Journalistin und Bloggerin Martina Dannheimer liebt das Speeddating mit den großen Metropolen Europas. Sightseeing, Shopping, leckeres Essen und Kultur – sie packt alles in einen einzigen Tag. Und so ganz nebenbei wirft sie ein prüfendes Auge auf die Männer der Stadt.

Mit Humor und einem Fünkchen Selbstironie nimmt die Autorin Sie mit auf ihre Sightseeingtour, die passenden Stadtkarten zum „Nachwandern" sind auch gleich mit dabei. Dazu liefert sie jede Menge praktische Tipps, die mit aktiven Links ins Internet versehen und somit direkt aus dem E-Book heraus aufrufbar sind. So können Sie Ihren nächsten Kurztrip mit stets aktuellen Informationen perfekt vorbereiten.

Aus unserer Städte-Reihe:

1 Tag in Berlin; ISBN: 978-3-656-40911-3

1 Tag in Dresden; ISBN: 978-3-656-40908-3

1 Tag in Hamburg; ISBN: 978-3-656-40971-7

1 Tag in Heidelberg; ISBN: 978-3-656-42594-6

1 Tag in München, ISBN: 978-3-656-42791-9

1 Tag in Köln, ISBN: 978-3-656-42787-2

Jetzt kaufen auf travel.grin.com.

Aus dem Inhalt: Binnenalster, Deichstraße, Europa-Passage, Große Bleichen, Neuer Wall, Hamburger Rathaus, Hamburger Hafen, HafenCity, Blankenese, Gänsemarkt, Stephansplatz, Planten un Blomen, Reeperbahn, St. Michaelis-Kirche.

ISBN: 978-3-656-40971-7

Jetzt kaufen auf <ins>travel.grin.com</ins>.